Mozzarella
Ricotta & Mascarpone

die Italiener kommen

> Autorin: Christina Kempe | Fotos: Jörn Rynio

Inhalt

Die Theorie

Die Rezepte

Extra

➤ **GU Serviceseiten**

Frische Käse für alle Gelegenheiten

Jeder kennt sie inzwischen, die italienischen Klassiker unter den Frischkäsesorten: ohne Mozzarella, Ricotta und Mascarpone läuft auch bei uns fast gar nichts mehr. Zu köstlich ist das feinsäuerliche oder buttrig-sahnige Aroma, unvergleichlich zergehen die feinen Käse auf der Zunge. Harte Konkurrenz bekommen sie allerdings von ihren deutschen Kollegen Quark, Schichtkäse, Hüttenkäse und Rahmfrischkäse, die den Italienern in Sachen Geschmack und Aroma wirklich in nichts nachstehen. Machen Sie den Test und suchen Ihren ganz persönlichen Favoriten!

Drei feine Italiener

1 | Mozzarella

Mozzarella wird traditionell in der italienischen Region Kampanien aber auch in Provinzen Latiums und Apuliens aus der Milch der schwarzen Wasserbüffel gewonnen. Mittlerweile stellt man ihn aufgrund der hohen Nachfrage weit preisgünstiger ebenfalls aus Kuhmilch und das auch in anderen Landesteilen her. Kuhmilch-Mozzarella reicht allerdings nicht an den einzigartigen leicht salzigen und feinsäuerlichen Geschmack des Originals heran – erkennbar an dem DOP-Prädikat »**Mozzarella di bufala campana**«. Der ungereifte Käse (mind. 45 % Fett i. Tr.) ist rasch verderblich und wird oftmals noch am Tag der Herstellung gegessen. Für eine längere Lagerung und eine bessere Transportmöglichkeit legt man ihn in Salzlake ein und verpackt ihn meist luftdicht. Der Mozzarella zählt zu den Filata-Käsen, den gebrühten und gezogenen Käsesorten. Um sie zu gewinnen, wird die Milch mit Hilfe von Lab zur Gerinnung gebracht. Der anschließend grob zerteilte Käsebruch wird mit heißem Wasser überbrüht und vom Käsemeister so lange gerührt und geknetet, bis die Masse elastisch ist und lange Fäden bildet. Von diesem Käseteig trennt er nun mit Fingern gleich große Stücke ab und zieht sie zu dicken Strängen. Diesen Vorgang nennt man »mozzatura«, was soviel heißt wie Abschlagen, Abtrennen und dem Käse seinen Namen gab. Die Stränge können nun zu Kugeln, Perlen, Zöpfen oder Laiben geformt werden.

➤ **Lagerung/Haltbarkeit:** Mozzarella immer im Kühlschrank aufbewahren. Einmal geöffnet ist er in der Lake nur wenige Tage haltbar.

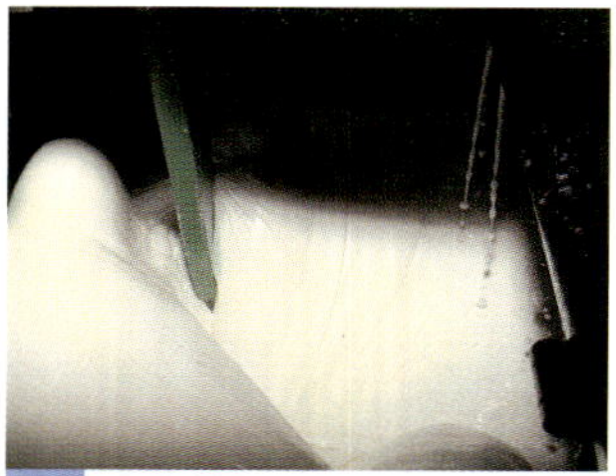

1 *Der grob zerteilte Käsebruch wird mit Wasser überbrüht und zur elastischen Masse geknetet.*

1 *Vom Käseteig abgetrennte Stücke werden zu Strängen gezogen dann geformt.*

2 | Ricotta

Ein Frischkäse aus Italien (vor allem Mittel- und Süditalien), der nicht wie gewohnt aus Milch gewonnen wird. Man erhitzt erneut (lat. recotus, daher auch der Name) die bei der Käseherstellung anfallende Kuh- oder Schafmilchmolke und versetzt sie mit Säuren oder gesäuerter Molke, so dass sich das geronnene Eiweiß an der Oberfläche absetzen kann. Dieser Molkekäse kommt nun in Siebkörbe, damit die austretende Flüssigkeit abtropfen kann.

2 *Das geronnene Eiweiß setzt sich an der Oberfläche der erneut erhitzten Molke ab.*

2 *Der Molkekäse wird zum Abtropfen der Flüssigkeit mit einer Lochkelle in Siebkörbe gefüllt.*

Etwa 3 bis 4 Stunden später wird der Käse ungereift und ungesalzen als milder, frischer und cremiger **Ricotta tipo dolce** (mind. 40 % Fett i. Tr.) angeboten. Gesalzen, etwas trockener und teilweise auch kompakter ist Ricotta unter der Bezeichnung **Ricotta salata** zu bekommen, **Ricotta tipo forte** ist zudem noch mehrere Monate gereift. Hat der Käse den Zusatz »**al forno**« bekam der Ricotta zusätzliches Aroma durch Backen im Ofen, bei »**affumicata**« durch Räuchern. **Ricotta secca** ist so fest bis hart, dass man den Käse zum Reiben verwenden kann.

➤ **Lagerung/Haltbarkeit:** Frischer ungesalzener Ricotta hält sich offen im Kühlschrank ein paar Tage frisch. Gesalzenen, gereiften, gebackenen oder geräucherten Ricotta kann man noch etwas länger, den harten Käse sogar Wochen aufbewahren.

➤ **Info:** Bei den Rezepten in diesem Buch wurde immer der cremige Ricotta verwendet, da dieser in jedem Supermarkt gut zu bekommen ist. Sie können je nach Rezept auch andere Ricotta-Sorten stattdessen nehmen. Einfach ausprobieren!

3 | Mascarpone

Ursprünglich stammt dieser cremig-sahnige Frischkäse aus der südlichen Lombardei, wo er früher wegen seiner geringen Haltbarkeit nur im kalten Herbst und Winter zubereitet, sofort in kleine Stoffbeutel gefüllt und verkauft wurde. Mittlerweile gibt es ihn rund ums Jahr in ganz Italien zu kaufen. Seinen Namen hat er von der italienischen Bezeichnung für Quark erhalten: »mascherpa«. Mascarpone ist schnell hergestellt. Das Ausgangsprodukt Sahne (von Kuhmilch, manchmal auch Büffelmilch, mit einem Fettgehalt von 30 %) wird auf fast 100 °C erhitzt. Die Zugabe von Zitronensaft, Weißweinessig oder einer anderen Säure bringt den Rahm zum Gerinnen. Nun lässt man die streichfähige Masse nur noch abtropfen und füllt sie zum Verkauf in Plastikbecher oder Gläser (mind. 80 % Fett i. Tr.).

➤ **Lagerung/Haltbarkeit:** Mascarpone unbedingt im Kühlschrank lagern. Geöffnet hält er sich dort ein paar Tage.

Die frischen Deutschen

1 | Quark und Topfen

Für diesen Frischkäse werden pasteurisierter Magermilch Milchsäurebakterien oder auch etwas Lab zugesetzt, um sie zum Gerinnen zu bringen. Durch anschließendes Zentrifugieren trennt sich die Molke von dem Käsestoff, dem man je nach gewünschter Fettstufe Sahne zusetzt. Eine Passiermaschine macht die Quarkmasse wunderbar cremig und geschmeidig, bevor sie ohne Reifung abgefüllt wird und zum Verkauf in den Handel kommt. Quark wird in drei Fettstufen angeboten: Magerstufe mit weniger als 10 % Fett i. Tr., Halbfettstufe mit 20 % Fett i. Tr. sowie Fettstufe mit 40 % Fett i. Tr. In Bayern und Österreich ist Quark auch unter dem Begriff Topfen bekannt, den es ebenfalls in Magerstufe und auch in Rahmstufe (mind. 50 % Fett i. Tr.) gibt.

➤ **Lagerung/Haltbarkeit:** Quark hält sich offen im Kühlschrank bis zu 1 Woche.

1 *Milchsäurebakterien oder Lab werden der Magermilch zugesetzt, so dass sie gerinnt.*

1 *Zuerst wird die Milch dickgelegt, bevor man sie durch Zentrifugieren weiter bearbeiten kann.*

2 | Schichtkäse

Wird wie Quark hergestellt, nur das Zentrifugieren entfällt. Stattdessen schöpft man die Käsemasse nach und nach in Formen mit kleinen Löchern, so dass die Molke ablaufen kann. Zwischendurch wird je nach gewünschtem Fettgehalt (kann zwischen 10 und 60 % Fett i. Tr. liegen) Sahne mit eingeschichtet. Durch das Schichten in die Form erhält der feinsäuerliche, wenig gelöcherte Schichtkäse seine kompakte und leicht speckige Konsistenz. Da die Herstellung recht aufwändig ist, wird Schichtkäse leider immer seltener produziert.

➤ **Lagerung/Haltbarkeit:** Schichtkäse im Kühlschrank lagern, wo er offen mindestens 1 Woche haltbar bleibt.

3 | Hüttenkäse (Cottage cheese)

Auch hier wird die Magermilch durch Zugabe von Lab oder Milchsäurebakterien dickgelegt. Danach schneidet eine Käseharfe die Käsemasse in kleine Stückchen, die leicht erwärmt werden, so dass sich das Milcheiweiß zu kleinen Körnern zusammenziehen kann. Nach dem Ablaufen der Molke wird durch Abbrausen der Körner mit kaltem Wasser der Käse körnig gehalten. Je nach Hersteller variiert die Größe der weichen, geschmeidigen Körner und der Fettgehalt (4–20 % Fett i. Tr.), der durch die Zugabe von Sahne bestimmt wird.

3 *Eine Käseharfe zerteilt und rührt die dickgelegte Milch in ein Bruch-Molke-Gemisch.*

3 *Die kleinen Bruchstückchen werden erwärmt, um ihre Festigkeit zu behalten.*

➤ **Lagerung/Haltbarkeit:** Hüttenkäse bleibt nach dem Öffnen im Kühlschrank bis zu 1 Woche frisch.

➤ **Info:** Der körnige Frischkäse kommt ursprünglich aus den USA, hat bei uns aber schnell Anhänger gefunden und wird hier hergestellt. In seiner Heimat presst man Cottage cheese auch zu Blöcken und bietet ihn unter Farmers' cheese an.

4 | Rahm- und Doppelrahmfrischkäse

Für Rahm- und Doppelrahmfrischkäse wird wie bei allen anderen vorgestellten Käsesorten Mager- oder auch Vollmilch durch Lab zum Gerinnen gebracht. Um die cremige, streichfähige Konsistenz und das mildsäuerliche Aroma zu erhalten, entzieht man der Käsemasse reichlich Flüssigkeit, salzt sie und rührt je nach gewünschtem Fettgehalt Sahne unter. Rahmfrischkäse enthält 20–50 % Fett i. Tr., Doppelrahm-Frischkäse 60–85 % Fett i. Tr.

4 *Je nach gewünschtem Fettgehalt wird der Käsemasse nach dem Entziehen von Flüssigkeit Sahne bzw. Rahm zugefügt.*

➤ **Lagerung/Haltbarkeit:** Dieser Frischkäse kann sich im Kühlschrank offen bis zu 2 Wochen halten.

Praktische Infos in Sachen Frischkäse

	Mozzarella	Ricotta	Mascarpone
Geschmack/ Kochverhalten	• leicht säuerliches, mildes Aroma, erfrischend; geschmacklich nicht dominant, kann deswegen gut mit Zutaten mit nicht so intensivem Eigengeschmack kombiniert werden • schmilzt ausgezeichnet, zieht dann Fäden	• Geschmack und Struktur hängen vom Reifegrad ab, frischer Ricotta tipo dolce ist mild, cremig und leicht krümelig, gereifter Ricotta secca dagegen würzig und fest • frischer Ricotta schmilzt nicht, zerfällt eher bröckelig	• mildes, sahniges Aroma; gibt Gerichten eine zart-buttrige Note • kompakt und doch cremig, schmilzt rasch; kühlt die Speise ab, dickt der Mascarpone an, daher gerade bei der Zubereitung von Sauce Flüssigkeit zugießen
Typische Verwendung	• Salatzutat (z. B. im Insalata Caprese mit Tomaten und Basilikum) • zum Überbacken von Pizza, Gratins und Aufläufen	• Füllung von Ravioli, Cannelloni und Calzone, aber auch Crêpes • Brotbelag süß/pikant • süße Torten und Gebäck	• unverzichtbar im echten Tiramisu, kommt gerne auch in andere italienische Süßspeisen • verfeinert Risotto und Pastagerichte
Ersetzbar durch	junger Gouda, Fontina, Trappistenkäse	Rahm- und Doppelrahm-Frischkäse	Doppelrahm-Frischkäse, Crème double

Quark/Topfen

- fein säuerliches Aroma
- je höher der Fettgehalt ist, desto cremiger und weicher ist der Quark bzw. Topfen

- ohne Quark und Topfen keinen Käsekuchen und Topfenstrudel
- macht Teig geschmeidig, z. B. Quark-Öl-Teig
- Brotbelag süß/pikant

Schichtkäse, eventuell mit etwas Milch verrührt

Schichtkäse

- schmeckt angenehm mild-säuerlich, ähnlich dem Quark und Topfen
- ist aber aufgrund der Herstellung wesentlich kompakter, kann nach längerem Abtropfen sogar in Scheiben geschnitten werden

- Brotbelag süß/pikant
- für süße und herzhafte Kuchen

Quark/Topfen, eventuell gut abgetropft

Körniger Frischkäse (Cottage cheese)

- zartes säuerliches, aber auch süßliches Aroma, oftmals leicht gesalzen
- feuchter Frischkäse mit geschmeidigen, weichen Körnern (können größer oder kleiner sein); sie zerfallen auch unter Wärmeeinwirkung nicht

- Brotbelag süß/pikant
- Füllung für Tomaten, Dip für Sellerie und Möhren

Ricotta in Flocken

Rahm- und Doppelrahm-Frischkäse

- sahnig-buttriges Aroma mit einer feinen süßlich-säuerlichen Note
- kompakt und doch cremig, schmilzt rasch

- American cheesecake
- Brotbelag süß/pikant
- Füllung für Räucherlachs- und Schinkenröllchen

Mascarpone, Ricotta

Dips, Saucen, Pasten & Cremes, ...

Mozzarella-Mango-Salsa

Für 2 Gläser (je 200 ml)
1 kleine rote Zwiebel und 1 Knoblauchzehe schälen. 1 Mango schälen, das Fleisch vom Kern schneiden. Eine Hälfte des Fruchtfleisches mit dem Knoblauch pürieren. Die zweite Hälfte mit der Zwiebel und 1 Kugel Mozzarella (125 g) sehr fein würfeln. Mit 2 EL Limettensaft und 1 EL Öl verrühren, mit Salz, Pfeffer, 1/4 TL gemahlenem Kreuzkümmel und 1 Prise Zimtpulver würzen. In gesäuberte Twist-off-Gläser füllen, verschließen. **Tipps:** mit Koriandergrün, Chili oder Ingwer verfeinern; gut unter Salatsaucen. **Haltbarkeit:** im Kühlschrank etwa 2 Wochen.

Ricotta-Bärlauch-Pesto

Für 3 Gläser (je 200 ml)
100 g Bärlauch verlesen, waschen und trockenschleudern, alle groben Stängel abknipsen. Den Bärlauch mit 100 ml Olivenöl fein pürieren. Mit Salz, Pfeffer und etwas Zucker würzen. 125 g Ricotta in kleinen Flocken vorsichtig untermischen. Das Pesto in gesäuberte Twist-off-Gläser füllen, mit Olivenöl bedecken und verschließen. **Haltbarkeit:** im Kühlschrank 1–2 Monate.

Mascarpone-Tunfisch-Creme

Für 1 Glas (300 ml)
1 Dose Tunfisch naturell (160 g Inhalt) gut abtropfen lassen. Mit 100 g Mascarpone mit einer Gabel verrühren und dabei den Tunfisch zerkleinern. Mit 1–2 EL Zitronensaft, Salz und Pfeffer würzen. Ins gesäuberte Twist-off-Glas füllen, verschließen. **Tipps:** Kapern oder fein geschnittenes Basilikum untermischen; zum Servieren kleine Basilikumblättchen oder Schalottenringe darüber streuen. **Haltbarkeit:** bis zu 1 Woche im Kühlschrank.

Ricotta-Limetten-Mayonnaise

Für 2 Gläser (je 200 ml)
1 kleine unbehandelte Limette heiß waschen und die Schale fein abreiben, den Saft auspressen. 1 sehr frisches Eigelb (Größe L) und den Limettensaft mit den Schneebesen des Handrührers cremig schlagen, dabei 150 ml Sonnenblumenöl nach und nach einlaufen lassen. Die Limettenschale und 125 g Ricotta unterrühren. Mit Salz und Pfeffer würzen. In gesäuberte Twist-off-Gläser füllen, verschließen. **Tipp:** zusätzlich fein gehackte Kräuter, z. B. Minze, Basilikum oder Petersilie untermischen. **Haltbarkeit:** im Kühlschrank bis zu 1 Woche.

... die zu fast allem passen

Chiliquark

Für 2 Gläser (je 200 ml) 1 unbehandelte Orange heiß waschen und 1 TL Schale abreiben. Die Hälfte der Orange schälen, das Fruchtfleisch aus den Trennhäuten schneiden und klein würfeln. Aus der anderen Hälfte den Saft auspressen. 1/2 kleine Fenchelknolle putzen und in sehr feine Würfel schneiden. 1–2 Chilischoten waschen, entstielen und fein hacken. Alles mit 250 g Quark verrühren. Mit 1–2 TL Apfelessig, Salz und Pfeffer würzen. In gesäuberte Twist-off-Gläser füllen, verschließen. **Tipp:** zum Servieren mit etwas Fenchelgrün bestreuen. **Haltbarkeit:** im Kühlschrank bis zu 1 Woche.

Topfen-Basilikum-Dip

Für 1 Glas (300 ml) von 1 Bund Basilikum die Blätter abzupfen und hacken. 1 Knoblauchzehe schälen und durch die Presse drücken. Beides mit 250 g Topfen und 3 EL Zitronensaft verrühren. Mit Salz, Pfeffer und 1 TL Zucker würzen. Ins gesäuberte Twist-off-Glas füllen, verschließen. **Tipp:** statt Basilikum auch mal Petersilie, Kerbel oder Kresse nehmen. **Haltbarkeit:** bis zu 1 Woche im Kühlschrank.

Bunter Hüttenkäse mit Kapern

Für 2 Gläser (je 200 ml) je 1/2 rote, gelbe und grüne Paprikaschote putzen, waschen und grob raspeln oder sehr fein würfeln. Die Paprikaraspel gut ausdrücken. Paprika mit 200 g Hüttenkäse und 1–2 EL Kapern mischen, mit Salz und Pfeffer würzen. In gesäuberte Twist-off-Gläser füllen, verschließen. **Tipp:** Kapern durch 1 EL grüne eingelegte Pfefferkörner ersetzen. **Haltbarkeit:** bis zu 1 Woche im Kühlschrank.

Käsebällchen süßsauer

Für 2 Gläser (je 1/2 l) 400 ml Weißweinessig mit 300 g Zucker einmal aufkochen und wieder abkühlen lassen. 1 Stück frischen Ingwer (4 cm) und 2 Knoblauchzehen schälen und sehr fein schneiden. 1/2 Galia-Melone entkernen, aus dem Fleisch Kugeln ausstechen. 3 Becher Mini-Mozzarella (je 125 g) mit Melonenkugeln, Ingwer, Knoblauch, 10 Kardamomkapseln, 1 halbierten Zimtstange und 2 TL Pfefferkörnern in gesäuberte Twist-off-Gläser schichten. Mit dem süßsauren Essigsud begießen, verschließen und 1 Woche marinieren lassen. **Haltbarkeit:** bis zu 3 Wochen im Kühlschrank.

Bunte Snacks & knackige Salate

Freuen Sie sich in diesem Kapitel auf viele köstliche Kleinigkeiten für den kleinen Hunger oder als Einstieg ins Menü. Mit von der Partie: Mozzarella-Feigen-Spießchen – ganz traditionell, Sushi – völlig neu gewickelt, Kressesalat mit Topfen-Röllchen – besonders vornehm. Unterstützt werden sie von einer Menge an unwiderstehlichen Frischkäse-Kombinationen, die mit ein paar Scheiben Brot durchaus angenehm satt machen können.

Blitzrezepte

Mozzarella-Feigen-Spießchen

FÜR 4 PERSONEN

➤ Saft von 2 Limetten | 2 EL Honig 6 EL Olivenöl | Salz | Pfeffer, frisch gemahlen | 3 Feigen | 2 Kugeln Mozzarella (je 125 g) | 8 hauchdünne Scheiben Parmaschinken

1 | Limettensaft, Honig, Öl, Salz und Pfeffer zu einer Vinaigrette verrühren. Die Feigen vorsichtig waschen und trockentupfen, vierteln oder achteln. Den Mozzarella in 1 1/2 cm große Stücke schneiden.

2 | Feigen und Mozzarella abwechselnd auf 8 Holzspieße stecken, locker mit dem Schinken umwickeln. Auf eine Platte legen, mit der Vinaigrette beträufeln.

Geröstete Brote mit Frühlingszwiebelquark

FÜR 4 PERSONEN

➤ 4 große Frühlingszwiebeln | 150 g Salatgurke | 6 Minzeblätter | 2 Tomaten | 4 Knoblauchzehen | 4 Toast-Brötchen (Toasties) | 250 g Quark | 3 EL Zitronensaft | Salz | Pfeffer, frisch gemahlen | gemahlener Kreuzkümmel

1 | Zwiebeln putzen und in feine Ringe schneiden. Gurke schälen und raspeln, Minze hacken. Tomaten waschen, vom Stielansatz befreien, in dünne Scheiben schneiden. Knoblauch schälen. Toasties halbieren und toasten, mit Knoblauch einreiben. Quark mit Gurke, Zitronensaft, Minze, Salz, Pfeffer und Kreuzkümmel verrühren. Toasties mit Quark bestreichen, mit Tomaten und Zwiebeln garnieren.

vegetarisch | für Gäste

Pilz-Carpaccio mit Mascarpone-Dressing

FÜR 4 PERSONEN

- **1 Knoblauchzehe**
- **1/2 Bund gemischte Kräuter (z. B. Basilikum, Koriander, Petersilie)**
- **75 g Mascarpone**
- **Saft von 1 Zitrone**
- **2 EL Gemüsebrühe**
- **etwas Zucker**
- **Salz**
- **Pfeffer, frisch gemahlen**
- **1 großes Bund Rucola**
- **4 Riesenchampignons**
- **1 Zucchino**
- **3 EL Parmesanspäne**

Zubereitung: 30 Min.
Pro Portion ca.: 140 kcal

1 | Knoblauch schälen und durch die Presse drücken. Kräuter waschen, trockenschütteln und fein hacken. Beides mit Mascarpone, Saft von 1/2 Zitrone, Brühe, Zucker, Salz und Pfeffer zum Dressing verrühren.

2 | Rucola waschen, trockenschleudern und grobe Stiele abschneiden. Pilze trocken abreiben und die Stiele entfernen, Zucchino waschen und putzen. Pilzhüte und Zucchino in hauchdünne Scheiben schneiden, mit restlichem Zitronensaft, Salz und Pfeffer vorsichtig vermengen.

3 | Den Rucola auf Tellern verteilen, Pilz- und Zucchinoscheiben darauf dachziegelartig auslegen. Mit dem Dressing beträufeln und mit dem Parmesan bestreuen.

Dazu passt: Ciabatta oder Baguette

schnell | gelingt leicht

Avocado mit Zitronenschichtkäse

FÜR 4 PERSONEN

- **1 unbehandelte Zitrone**
- **2 TL eingelegte grüne Pfefferkörner (ersatzweise rosa Pfefferkörner)**
- **10 große Estragonblätter**
- **2 EL Olivenöl**
- **4 TL Zucker**
- **Salz**
- **2 Avocados**
- **250 g Schichtkäse**

Zubereitung: 25 Min.
Pro Portion ca.: 370 kcal

1 | Die Zitrone heiß waschen, die Schale dünn abschälen, den Saft auspressen. Schale mit den Pfefferkörnern und dem Estragon fein hacken. Mit der Hälfte des Zitronensafts (übrigen Saft für ein anderes Gericht verwenden), Öl, Zucker und Salz zu einem Dressing verrühren.

2 | Avocados bis zum Kern einschneiden, die Hälften gegeneinander drehen und die Kerne entfernen. Avocados schälen, längs in dünne Scheiben schneiden und auf Tellern auffächern. Mit etwas Dressing beträufeln.

3 | Den Schichtkäse aus der Packung stürzen und auf einem Teller kurz abtropfen lassen. Käse vorsichtig mit einer Palette oder einem breiten Messer in 4–8 Scheiben teilen und auf den Avocados anrichten. Restliches Dressing darüber verteilen.

Dazu passt: geröstetes dunkles Bauernbrot

im Bild hinten: **Avocado mit Zitronenschichtkäse** *im Bild vorne:* **Pilz-Carpaccio mit Mascarpone-Dressing** ➤

gut vorzubereiten

Sizilianisch eingelegter Ricotta

FÜR 4 PERSONEN

- ➤ **250 g Ricotta**
- **2 Knoblauchzehen**
- **2 kleine Zweige Rosmarin**
- **1/2 unbehandelte Zitrone**
- **2 EL Kapern in Salz**
- **50 g entsteinte schwarze Kräuteroliven**
- **Pfeffer, frisch gemahlen**
- **etwa 1/4 l Olivenöl**
- **ein paar Salatblätter**
- **2 Tomaten | 1 Baguette**

Zubereitung: 20 Min.
Marinierzeit: 2–3 Wochen
➤ Pro Portion ca.: 370 kcal

1 | Ricotta in ein verschließbares Gefäß stürzen, das etwas größer ist als der Kegel. Knoblauch schälen und fein schneiden. Rosmarin waschen, trockenschütteln. Zitrone heiß waschen und die Schale hauchdünn abschälen, Saft auspressen. Alles mit Kapern, Oliven und Pfeffer zum Ricotta ins Gefäß geben. Mit dem Öl bedecken, verschließen, 2–3 Wochen im Kühlschrank marinieren.

2 | Dann Salat waschen und trockenschütteln. Tomaten waschen und in Scheiben schneiden, dabei Stielansätze entfernen. Baguette längs und quer halbieren, die Schnittflächen mit etwas Ricotta-Öl beträufeln. Übriges Öl ablaufen lassen. Baguettes mit Salat und Tomaten belegen, Ricotta aufstreichen. Kapern und Oliven darauf verteilen.

asiatisch | für Gourmets

Mozzarella-Sushi

FÜR 4 PERSONEN

- ➤ **3 EL milder heller Essig**
- **2 1/2 EL Zucker | Salz**
- **3 EL Sojasauce | 3 EL Sake**
- **1 Stück Salatgurke (100 g)**
- **2 Blätter Kopfsalat**
- **1/2 Avocado**
- **2 Kugeln Mozzarella (je 125 g) | 2 Nori-Blätter**
- **50 g Forellenkaviar**
- **6 gegarte, geschälte Garnelen (100 g)**

Zubereitung: 25 Min.
➤ Pro Portion ca.: 280 kcal

1 | Essig, 1/2 EL Zucker und etwas Salz erwärmen, bis sich der Zucker gelöst hat. Sojasauce, Sake und übrigen Zucker einmal aufkochen.

2 | Die Gurke schälen, den Salat waschen und trockenschütteln, Avocado schälen. Alles in feine Streifen schneiden. Den Mozzarella in dünne Scheiben schneiden.

3 | Nori-Blätter in der Pfanne ohne Fett kurz rösten, jeweils auf ein ausreichend großes Stück extra starke Alufolie legen. Mit Mozzarella belegen, dabei den oberen Rand 2 cm frei lassen. Mit dem vorbereiteten Essig beträufeln.

4 | Mozzarella mit Kaviar bestreichen und mit Salat, Gurke, Avocado und je 3 Garnelen belegen. Mit Hilfe der Folie von unten her fest zusammenrollen. Dabei soll der freigelassene Rand auf ein Stück Nori-Blatt treffen, so dass die Rollen gut halten. Jede Rolle achteln, mit der gewürzten Sojasauce zum Dippen servieren.

➤ Dazu passt: Wasabi (grüner Meerrettich) und Gari (eingelegter Ingwer)

im Bild hinten: **Sizilianisch eingelegter Ricotta** *im Bild vorne:* **Mozzarella-Sushi** ➤

für Gourmets | macht was her

Kressesalat mit lauwarmen Topfen-Röllchen

FÜR 4 PERSONEN

- **Saft von 1/2 Orange**
- **1 TL Dijon-Senf mit Honig**
- **2 TL Honig**
- **3 EL Weißweinessig | Salz**
- **Pfeffer, frisch gemahlen**
- **8 EL Nussöl (z. B. Mandelöl)**
- **50 g Brunnen- und Kapuzinerkresse**
- **50 g Portulak**
- **2 Kästchen Gartenkresse**
- **250 g Topfen**
- **1 Ei (Größe M)**
- **5 EL Parmesan, frisch gerieben**
- **3 EL Toastbrotbrösel**
- **1 dickerer Zucchino (350 g)**

Zubereitung: 50 Min.

Pro Portion ca.: 340 kcal

1 | Orangensaft, Senf, Honig, Essig, Salz, Pfeffer und 5 EL Nussöl zu einer Vinaigrette verrühren.

2 | Brunnen- und Kapuzinerkresse sowie den Portulak waschen, trockenschleudern und größere Blätter kleiner schneiden. Gartenkresse mit der Küchenschere vom Beet abschneiden. Den Salat auf Tellern verteilen.

3 | Topfen, Ei, Parmesan, Brösel, Salz und Pfeffer verrühren. Zucchino waschen, putzen, längs in möglichst dünne Scheiben schneiden und vorgaren. Mit Topfen, bestreichen, aufrollen.

4 | Die Röllchen im übrigen Öl braten. Salat mit der Vinaigrette beträufeln und mit den lauwarmen Topfenröllchen belegen.

TIPP

Besonders hübsch: den Salat mit Kapuzinerkresseblüten in unterschiedlichen Farben garnieren.

Auch sehr lecker: statt der Topfen-Röllchen einmal die Käsespieße von Seite 25 zubereiten und mit dem Salat servieren. Natürlich können Sie statt der zugeschnittenen aufgespießten Käsewürfel genauso gut kleine Mozzarella-Bällchen einzeln panieren und knusprig ausbacken.

1 Zucchino vorgaren

Zucchinischeiben in Salzwasser garen, bis sie biegsam sind. Abschrecken und trockentupfen.

2 Röllchen formen

Zucchinischeiben mit der Topfenmasse bestreichen, aufrollen, mit Zahnstochern fixieren.

3 Röllchen braten

Öl in einer Pfanne erhitzen, die Röllchen darin rundherum bei starker Hitze 2–3 Min. braten.

vegetarisch | fürs Büfett

Romanasalat mit gratinierten Ricotta-Tomaten

FÜR 4 PERSONEN

➤ 2 Knoblauchzehen
250 g Ricotta
4 große Stängel Basilikum
5 Scheiben Toastbrot
Salz
Pfeffer, frisch gemahlen
12 Strauchtomaten (je 50 g)
2 EL Pinienkerne
9 EL Olivenöl
5 EL Aceto balsamico
1 Prise Zucker
2 Köpfe Romana (300 g)
60 g Parmesanspäne

Zubereitung: 40 Min.
➤ Pro Portion ca.: 550 kcal

1 | Backofen auf 250° (Umluft 220°) vorheizen. Knoblauch schälen und zum Ricotta pressen. Basilikum fein schneiden, 1 Scheibe Toastbrot zerbröseln, beides untermischen. Salzen und pfeffern.

2 | Tomaten waschen, oben einen Deckel abschneiden unten etwas abflachen, so dass die Tomaten besser stehen. Tomaten aushöhlen, Ricotta einfüllen und Pinienkerne darüber streuen. Auf eine feuerfeste Platte setzen.

3 | Übriges Toastbrot 1 cm groß würfeln, neben den Tomaten verteilen und mit 4 EL Öl beträufeln. Im Ofen (Mitte) 8–10 Min. gratinieren.

4 | Essig, Salz, Pfeffer, Zucker und übriges Öl verrühren. Romana putzen, waschen, in 1 cm breite Streifen schneiden und auf Tellern verteilen. Tomaten ins Salatbett setzen, mit der Salatsauce beträufeln. Brotwürfel und Parmesan darüber streuen.

asiatisch | scharf

Schichtkäse-Gurken-Salat mit Wasabi

FÜR 4 PERSONEN

➤ Saft von 4 Limetten
2 TL Wasabi (japanischer grüner Meerrettich aus der Tube, ersatzweise normaler weißer Meerrettich aus dem Glas)
12 EL Sonnenblumenöl
4 EL Zucker
Salz
12 große Salatblätter
4 kleine Salatgurken (je 150 g)
4 Möhren
400 g Schichtkäse
einige Tropfen Sesamöl
1 Hand voll Korianderblättchen

Zubereitung: 30 Min.
➤ Pro Portion ca.: 565 kcal

1 | Den Limettensaft mit Wasabi, Sonnenblumenöl, Zucker und Salz verrühren.

2 | Salatblätter waschen, trockenschütteln und Teller damit auslegen. Die Gurken waschen, in dünne Scheiben schneiden und darauf verteilen. Die Möhren schälen, in feine Streifen oder Scheiben schneiden, darüber geben.

3 | Den Schichtkäse aus der Packung stürzen und auf einem Teller kurz abtropfen lassen. Käse in grobe Würfel schneiden und auf dem Salat verteilen. Die Salatsauce und das Sesamöl darüber träufeln, Koriander darüber streuen.

 im Bild hinten: Schichtkäse-Gurken-Salat mit Wasabi *im Bild vorne:* Romanasalat mit gratinierten Ricotta-Tomaten ➤

gelingt leicht

Bärlauchsalat aus der Pfanne

FÜR 4 PERSONEN

- **400 g Hüttenkäse | Salz**
  Pfeffer, frisch gemahlen
  4 kleine Zwiebeln
  2 rote Paprikaschoten
  200 g Kirschtomaten
  300 g Austernpilze
  400 g Bärlauch
  4 EL Olivenöl
  8 EL Balsamico bianco
  4 EL Honig

Zubereitung: 40 Min.
- Pro Portion ca.: 305 kcal

1 | Hüttenkäse mit Salz und Pfeffer würzen. Zwiebeln schälen und in breite Spalten schneiden. Paprika putzen, waschen und grob würfeln. Tomaten waschen und halbieren, Pilze putzen und in grobe Streifen schneiden. Bärlauch waschen, die Stiele abschneiden und die Blätter grob schneiden.

2 | Öl erhitzen. Zwiebeln, Paprika und Pilze darin bei starker bis mittlerer Hitze unter Rühren 2–3 Min. braten. Die Tomaten untermischen, mit Essig ablöschen. Mit Honig, Salz und Pfeffer würzen.

3 | Bärlauch untermischen und alles kurz weiterbraten. Dann sofort auf Teller verteilen und den Hüttenkäse in die Mitte setzen.

- Dazu passt: Knoblauchbaguette oder Ciabatta

gut vorzubereiten

Fruchtiger Kohlsalat mit Frischkäse-Dressing

FÜR 4 PERSONEN

- **1 kleiner Spitzkohl (900 g)**
  Salz | 1 Knoblauchzehe
  100 g Frischkäse
  Saft von 4 Limetten
  1/2 TL Currypulver
  2 TL Honig
  Pfeffer, frisch gemahlen
  4 Möhren
  2 große rote Äpfel
  2 EL Haselnüsse
  4 EL Rosinen

Zubereitung: 40 Min.
Marinierzeit: 30 Min.
- Pro Portion ca.: 235 kcal

1 | Den Kohl putzen, längs halbieren, vom Strunk befreien und in etwa 1/2 cm breite Streifen schneiden. Mit 2 TL Salz vermischen, durchkneten und kurz ziehen lassen.

2 | Inzwischen Knoblauch schälen und durch die Presse drücken. Mit Frischkäse, Saft von 2 Limetten, Curry, Honig, Salz und Pfeffer verrühren.

3 | Möhren schälen und in dünne Scheiben schneiden. Äpfel waschen, vierteln, entkernen und in feine Spalten schneiden. Beides mit restlichem Limettensaft mischen. Haselnüsse grob hacken.

4 | Kohl abbrausen, ausdrücken und zu den Möhren und Äpfeln geben. Mit dem Dressing, den Nüssen und den Rosinen vermengen, abdecken und etwa 30 Min. ziehen lassen.

- Dazu passt: dunkles Bauernbrot oder Vollkornbrötchen

im Bild links: **Fruchtiger Kohlsalat mit Frischkäse-Dressing** *im Bild rechts:* **Bärlauchsalat aus der Pfanne**

Feine Suppen & deftige Eintöpfe

Von raffiniert bis bodenständig sind die Suppen- und Eintopfkreationen, die Sie in diesem Kapitel genüsslich verführen wollen. Entdecken Sie hier Klassiker, die Sie so noch nie gegessen haben oder finden Sie ein neues Lieblingsrezept. Kandidaten wie Tomatensuppe mit Ricotta-Haube, Zitronengrassuppe mit Topfen-Wan-Tans oder Kürbis-Bohnen-Eintopf mit scharfem Käse werden Ihnen die Entscheidung nicht leicht machen.

Blitzrezepte

Kalte Gurken-Frischkäse-Suppe

FÜR 4 PERSONEN

➤ 1 Stängel Estragon (ersatzweise Minze) | 1 kg Salatgurken | 1/2 l eiskalte leichte Gemüsebrühe | Saft von 1/2 Zitrone | Salz | Pfeffer, frisch gemahlen | 200 g Frischkäse | 120 ml eiskalter Weißwein (ersatzweise heller Traubensaft)

1 | Estragon waschen, trockenschütteln, Blätter vom Stängel streifen. Die Gurken schälen, längs halbieren und die Kerne herauskratzen. Gurken grob würfeln und mit Estragon, Brühe und Zitronensaft fein pürieren. Mit Salz und Pfeffer würzen. Frischkäse und Wein kräftig verschlagen. Suppe auf Teller verteilen und den Frischkäse spiralförmig einrühren. Die Suppe eventuell mit Gurkenstreifen garnieren.

Suppe mit Käsespieß

FÜR 4 PERSONEN

➤ 700 g Kartoffeln | 3 EL Butter | 1 l Gemüsefond | Salz | Pfeffer, frisch gemahlen | 2 Frühlingszwiebeln | 4 EL Semmelbrösel | 2 EL Parmesan, frisch gerieben | 1 Ei | 2 Kugeln Mozzarella (je 125 g) | 2 EL Rosmarinnadeln

1 | Kartoffeln schälen, 1 cm groß würfeln, in 1 EL Butter 1–2 Min. braten. Fond angießen, 10 Min. bei mittlerer Hitze kochen lassen, salzen, pfeffern. Zwiebeln waschen, putzen, fein schneiden, über die Suppe streuen. Brösel und Parmesan mischen, Ei mit Salz und Pfeffer verrühren. Mozzarella 2 cm groß würfeln, auf Spieße stecken, in Ei und Bröseln wenden, in übriger Butter (beschichtete Pfanne) mit Rosmarin kurz braten. Zur Suppe reichen.

gelingt leicht

Feine Tomatensuppe mit Ricotta-Haube

FÜR 4 PERSONEN

- 1 kg Tomaten | 1 Zwiebel
- 5 EL Olivenöl
- 3 EL Tomatenmark
- 200 ml Weißwein (ersatzweise Gemüsebrühe)
- 600 ml Gemüsebrühe
- Saft von 1 Orange
- 2 EL Rosmarinnadeln
- 2 EL Pinienkerne
- 100 g Sahne
- 100 g Ricotta | Salz
- Pfeffer, frisch gemahlen

Zubereitung: 35 Min.
Pro Portion ca.: 335 kcal

1 | Die Tomaten waschen und grob würfeln. Die Zwiebel schälen und fein würfeln. Beides in 4 EL Öl unter Rühren 4–5 Min. bei starker Hitze braten.

2 | Tomatenmark, Wein, Brühe und Orangensaft dazugeben, 15 Min. bei mittlerer Hitze kochen lassen. Rosmarin und Pinienkerne im übrigen Öl bei mittlerer Hitze bräunen. Sahne steif schlagen und unter den Ricotta heben. Mit Salz und Pfeffer würzen.

3 | Suppe pürieren (nach Belieben durch ein feines Sieb streichen), salzen und pfeffern. Suppe auf Teller verteilen, Ricotta-Sahne als Haube aufsetzen, mit Rosmarin und Pinienkernen bestreuen.

preiswert | vegetarisch

Vichyssoise mit Mozzarella-Croûtons

FÜR 4 PERSONEN

- 2 Platten TK-Blätterteig
- 450 g mehlig kochende Kartoffeln
- 2 EL Olivenöl
- 2 TL getrockneter Oregano
- Salz
- Pfeffer, frisch gemahlen
- 150 ml Weißwein (ersatzweise Gemüsebrühe)
- 1 Kugel Mozzarella (125 g)
- 1 Möhre
- 1 Petersilienwurzel
- 2 Stangen Lauch

Zubereitung: 40 Min.
Pro Portion ca.: 415 kcal

1 | Den Backofen auf 220° (Umluft 200°) vorheizen, Blätterteig auftauen lassen.

2 | Kartoffeln schälen und klein würfeln. Öl erhitzen und die Kartoffeln darin bei starker Hitze 1–2 Min. anbraten. Mit Oregano, Salz und Pfeffer würzen, mit Wein aufgießen und einkochen lassen. 1 1/2 l Wasser dazugießen, aufkochen und alles bei mittlerer Hitze etwa 10 Min. kochen lassen.

3 | Blätterteigplatten auf ein mit Backpapier ausgelegtes Blech legen, in etwa 3 cm große Quadrate schneiden. Mozzarella klein würfeln und gleichmäßig darauf verteilen, salzen. Im Ofen (Mitte) in etwa 10 Min. goldbraun backen.

4 | Möhre und Petersilienwurzel schälen, Lauch putzen, längs halbieren und waschen. Gemüse in sehr feine Streifen schneiden. Suppe pürieren, Gemüsestreifen dazugeben und in etwa 1 Min. bissfest garen. Mit Salz und Pfeffer abschmecken. Mit Mozzarella-Croûtons servieren.

im Bild hinten: **Vichyssoise mit Mozzarella-Croûtons** *im Bild vorne:* **Feine Tomatensuppe mit Ricotta-Haube**

asiatisch | macht was her

Zitronengrassuppe mit Topfen-Wan-Tans

FÜR 4 PERSONEN

- 1 Hähnchen (1 kg) | Salz
  Pfeffer, frisch gemahlen
  1 Stück Ingwer (8 cm)
  6 Stangen Zitronengras
  4 EL Öl
  1 rote Chilischote
  1 Bund Frühlingszwiebeln
  200 g Topfen
  20 Wan-Tan-Blätter (8 cm Ø; im Tiefkühlregal im Asienladen)
  1 kg Frittierfett
  1 Eiweiß (Größe M)
  100 g Sojasprossen
  1 Dose Kokosmilch (400 ml)
  Saft von 2 großen Limetten

Zubereitung: 50 Min.
Garzeit: 30 Min.
- Pro Portion ca.: 725 kcal

1 | Das Hähnchen vierteln, waschen, trockentupfen, salzen und pfeffern. Ingwer schälen und fein schneiden. Zitronengras waschen, leicht quetschen und in 5 cm große Stücke schneiden.

2 | Hähnchen anbraten. Chili waschen, mit der Hälfte von Ingwer und Zitronengras, 1 l Wasser und Salz dazugeben. Bei schwacher Hitze etwa 30 Min. sanft garen. In der Brühe abkühlen lassen.

3 | Während des Abkühlens Frühlingszwiebeln waschen, putzen und in feine Ringe schneiden. 2 EL Zwiebeln mit dem Topfen verrühren, salzen und pfeffern.

4 | Die Wan-Tan-Blätter auftauen lassen, füllen und zu Säckchen formen. Das Fett zum Frittieren erhitzen.

5 | Sprossen abbrausen, Brühe durch ein feines Sieb gießen. Kokosmilch, Rest von Ingwer und Zitronengras mit Limettensaft zur Brühe geben, salzen. Abgelöstes Hähnchenfleisch mit den Sprossen in die Suppe geben, einmal aufkochen.

6 | Die Topfen-Wan-Tans im Öl in etwa 2 Min. goldbraun frittieren. Die Zitronengrassuppe auf Teller verteilen und mit den übrigen Frühlingszwiebeln bestreuen. Die Wan-Tans getrennt dazu reichen.

1 **Hähnchen anbraten**
Hähnchenteile in einem großen Topf bei starker Hitze 4–5 Min. im Öl rundherum anbraten.

2 **Wan-Tans formen**
Je 1 TL Füllung auf die Wan-Tan-Blätter geben, mit Eiweiß bepinseln, zusammenklappen.

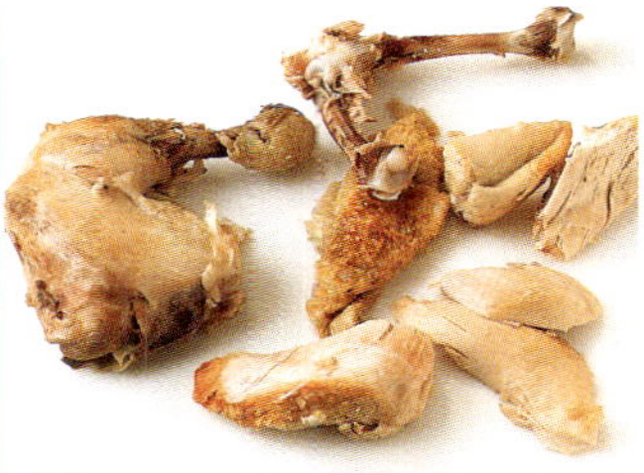

3 **Fleisch ablösen**
Hähnchen enthäuten, Fleisch von den Knochen lösen und in mundgerechte Stücke zupfen.

preiswert | für Gäste

Möhrensuppe mit Ricotta-Klößchen

FÜR 4 PERSONEN

- 800 g Möhren
- 1 Zwiebel | 2 EL Butter
- 800 ml Gemüsebrühe
- Salz | 1 Knoblauchzehe
- 250 g Ricotta
- 2 Scheiben Toastbrot
- 1 Eiweiß (Größe M)
- Pfeffer, frisch gemahlen
- 1 Bund Schnittlauch
- Muskatnuss, frisch gerieben

Zubereitung: 50 Min.
Pro Portion ca.: 240 kcal

1 | Möhren und Zwiebel schälen und grob würfeln. Die Butter zerlassen und die Zwiebel darin andünsten. Möhren dazugeben, 1–2 Min. mitdünsten. Mit der Brühe aufgießen, salzen und das Gemüse bei mittlerer Hitze im geschlossenen Topf in etwa 10 Min. weich garen.

2 | Inzwischen Knoblauch schälen und zum Ricotta pressen. Toastbrot fein zerbröseln und mit Eiweiß untermischen, salzen und pfeffern. 10 Min. kühl stellen.

3 | Schnittlauch abbrausen, trockenschütteln und in 3 cm lange Röllchen schneiden. In einem weiten Topf Salzwasser zum Kochen bringen.

4 | Möhrensuppe pürieren, mit Salz und Pfeffer würzen. Aus der Ricottamasse mit einem Teelöffel Nocken abstechen, ins Salzwasser geben und 2–3 Min. bei schwacher Hitze ganz sanft ziehen lassen, bis sie an der Wasseroberfläche schwimmen.

5 | Suppe auf Teller verteilen, die Klößchen hineinsetzen. Schnittlauch darüber streuen und mit Muskat bestäuben.

schnell | mediterran

Mascarpone-Mais-Suppe mit Coppa

FÜR 4 PERSONEN

- 2 Zwiebeln
- 2 Knoblauchzehen
- 4 frische Maiskolben
- 2 EL Butter
- 500 g Mascarpone
- 1/2 l Gemüsefond | Salz
- 1/2 TL Cayennepfeffer
- 8 hauchdünne Scheiben Coppa Parma (etwa 50 g; würziger luftgetrockneter Schweinenacken)
- 1 Hand voll Basilikumblättchen

Zubereitung: 25 Min.
Pro Portion ca.: 720 kcal

1 | Zwiebeln und Knoblauch schälen, fein würfeln. Maiskörner von den Kolben abschneiden. Butter zerlassen, Zwiebeln und Knoblauch andünsten. Mais dazugeben und 2–3 Min. mitdünsten.

2 | Mascarpone untermischen und schmelzen lassen, den Fond angießen. Mit Salz und Cayennepfeffer würzen, bei mittlerer Hitze etwa 5 Min. kochen lassen.

3 | Coppa in etwa 1 cm breite Streifen schneiden und ohne weiteres Fett bei mittlerer Hitze knusprig auslassen. Die Suppe in Teller füllen, Coppa darauf verteilen, Basilikum darüber streuen.

im Bild links: **Möhrensuppe mit Ricotta-Klößchen** *im Bild rechts:* **Mascarpone-Mais-Suppe mit Coppa**

scharf | orientalisch

Kürbis-Bohnen-Eintopf mit scharfem Käse

FÜR 6 PERSONEN

➤ **250 g getrocknete Sojabohnen | 1 große Zwiebel**
2 Knoblauchzehen
1 Stück Ingwer (etwa 4 cm)
2 EL Öl | 1 Stange Zimt
1,2 kg Muskatkürbis
12 Frühlingszwiebeln
2 rote Chilischoten
600 g Hüttenkäse | Salz
Pfeffer, frisch gemahlen
Saft von 1 Zitrone
gemahlener Kreuzkümmel

◷ Einweichzeit: 8 Std.
◷ Zubereitung: 2 1/2 Std.
➤ Pro Portion ca.: 400 kcal

1 | Bohnen in kaltem Wasser mindestens 8 Std. einweichen. Dann abgießen, abbrausen.

2 | Zwiebel, Knoblauch und Ingwer schälen, fein schneiden. Im Öl andünsten, Bohnen und Zimt dazugeben, kurz mitdünsten. Mit 2 l Wasser aufgießen, aufkochen und bei schwacher Hitze etwa 1 3/4 Std. sanft kochen lassen.

3 | Kürbis putzen, in 1–2 cm große Stücke schneiden. Zu den Bohnen geben, weitere 20–30 Min. garen, bis der Kürbis bissfest ist. Zwiebeln waschen, putzen und in feine Ringe schneiden. Chili waschen, putzen, fein hacken. Beides mit Käse vermengen.

4 | Eintopf mit Salz, Pfeffer, Zitronensaft würzen. Ohne den Zimt auf Teller verteilen, Käse in die Mitte setzen, mit Kreuzkümmel bestäuben.

vegetarisch | preiswert

Zwiebeleintopf mit Schichtkäse-Baguette

FÜR 4 PERSONEN

➤ **1 Bund Zitronenthymian**
300 g Knollensellerie
400 g breite grüne Bohnen
je 1 EL Öl und Butter
1 EL Zucker
1 1/2 l Gemüsebrühe
600 g rote Zwiebeln
abgeriebene Schale von 1 unbehandelten Zitrone
Pfeffer, frisch gemahlen
Salz | 1 Baguette (zum Fertigbacken)
2 Knoblauchzehen
150 g Schichtkäse

◷ Zubereitung: 40 Min.
➤ Pro Portion ca.: 340 kcal

1 | Den Thymian waschen, 8 Zweige beiseite legen. Sellerie schälen und klein würfeln, Bohnen waschen, in 2–3 cm große Stücke schneiden. Öl und Butter erhitzen, alles darin 2–3 Min. dünsten. Zucker darüber streuen, karamellisieren lassen. Brühe angießen, aufkochen, bei mittlerer Hitze etwa 10 Min. kochen lassen.

2 | Backofen auf 250° (Umluft 220°) vorheizen. Zwiebeln schälen, in Spalten schneiden. Nach 5 Min. mit Zitrusschale zum Eintopf geben, Thymian entfernen. Mit Pfeffer und Salz abschmecken.

3 | Das Baguette schräg in 8 große Scheiben schneiden. Den Knoblauch pressen und darauf streichen. Mit Käse belegen, salzen und pfeffern. Vom beiseite gelegten Thymian die Blättchen abstreifen, darüber streuen. Im Ofen (Mitte) etwa 5 Min. backen. Mit dem Eintopf servieren.

 im Bild hinten: Kürbis-Bohnen-Eintopf mit scharfem Käse *im Bild vorne:* Zwiebeleintopf mit Schichtkäse-Baguette ➤

Pikante & süße Hauptgerichte

In diesem Kapitel verstecken sich altbekannte Favoriten – modern und pfiffig abgewandelt und dadurch doch ganz neu. Durch Mozzarella & Co. bekommen Quiche, Crespelle, Rumpsteak oder Fisch in der Salzkruste einen ganz speziellen Kick. Laden Sie sich ein paar Freunde ein und genießen mit ihnen gemeinsam die feinen Kreationen!

Blitzrezepte

Artischocken grün-rot

FÜR 4 PERSONEN

➤ 100 g Frischkäse | je 2 EL grünes und rotes Pesto | Saft von 1 Zitrone | 800 g kleine Artischocken | 1 Zwiebel | 4 EL Olivenöl | 2 TL Zucker | 100 ml Rosé (ersatzweise Gemüsebrühe) | Salz Pfeffer, frisch gemahlen

1 | Je 50 g Frischkäse mit einer Sorte Pesto und 1 EL Zitronensaft verrühren. Von den Artischocken die harten äußeren Blätter abreißen. Stiele abschneiden und die Blattspitzen kürzen, Artischocken vierteln oder achteln. Zwiebel schälen und würfeln, im Öl andünsten, Artischocken dazugeben, unter Rühren etwa 10 Min. bei mittlerer Hitze braten. Mit Zucker bestreuen, karamellisieren lassen, mit Wein und 1–2 EL Zitrussaft ablöschen. Salzen und pfeffern.

Lauch-Käse-Quiche

FÜR 4 PERSONEN

➤ 800 g Lauch | 1 Zwiebel | 1 Birne
1 ausgerollter Blätterteig (32 cm Ø)
1 EL Butter | Salz | 100 g Frischkäse
100 g Ricotta | 1 Kugel Mozzarella (125 g)
1 TL rosa Pfefferkörner, gemörsert

1 | Lauch putzen, waschen, fein schneiden. Zwiebel schälen, klein würfeln. Birne waschen, entkernen, in Spalten schneiden. Backofen auf 220° (Umluft 200°) vorheizen. Springform (28 cm Ø) fetten, mit Teig auskleiden. Lauch und Zwiebel in Butter 2–3 Min. dünsten. Birnen untermischen, salzen. In die Form füllen, Frischkäse und Ricotta teelöffelweise darauf verteilen. Mozzarella in Scheiben schneiden und darüber legen, salzen. Im Ofen (unten) 25 Min. backen. Mit Pfeffer bestreuen.

Macht was her

Ricotta-Calzone

FÜR 2 PERSONEN

- 1/2 Würfel Hefe (21 g)
- 1 TL Zucker | 250 g Mehl
- Salz | 4 EL Olivenöl
- 100 g Pancetta (ersatzweise Bacon)
- 1 Zweig Rosmarin
- 150 g Himbeeren
- 2 EL Pinienkerne
- 250 g Ricotta
- Pfeffer, frisch gemahlen
- Außerdem: Backpapier

Zubereitung: 1 Std. 25 Min.
Backzeit: 15 Min.
Pro Portion ca.: 1025 kcal

1 | Die Hefe mit Zucker und 75 ml lauwarmem Wasser verrühren. Das Mehl in eine Schüssel geben, in die Mitte eine Mulde drücken, die Hefe hineingießen. 15 Min. gehen lassen. Dann mit 1/2 TL Salz, 2 EL Öl und etwa 75 ml lauwarmem Wasser zu einem glatten Teig verkneten. Abgedeckt 45 Min. gehen lassen.

2 | Den Backofen auf 225° (Umluft 200°) vorheizen. Pancetta in kleine Würfel schneiden. Den Rosmarin waschen, trockenschütteln und die Nadeln vom Zweig streifen. Himbeeren verlesen und, nur falls nötig, waschen.

3 | Übriges Öl erhitzen, Pancetta, Pinienkerne und Rosmarin unter Rühren bei mittlerer Hitze in 2 Min. bräunen.

4 | Teig in zwei Portionen auf Backpapier dünn ausrollen. Je eine Hälfte mit Ricotta bestreichen, Pancettamischung und Himbeeren darauf verteilen. Mit Salz und Pfeffer würzen. Freie Teighälften darüber klappen, die Teigränder gut andrücken. Im Ofen (unten) etwa 15 Min. backen.

vegetarisch | preiswert

Pizza mit Rucola, Tomaten und Mozzarella

FÜR 2 PERSONEN

- 1/2 Würfel Hefe (21 g)
- 1 TL Zucker | 250 g Mehl
- Salz | 6 EL Olivenöl
- 4 Knoblauchzehen
- 500 g Kirschtomaten
- 2 Kugeln Mozzarella (je 125 g)
- Pfeffer, frisch gemahlen
- 1 großes Bund Rucola
- Außerdem: Backpapier

Zubereitung: 1 Std. 15 Min.
Backzeit: 10 Min.
Pro Portion ca.: 1050 kcal

1 | Den Hefeteig zubereiten und gehen lassen, wie im Rezept nebenan beschrieben.

2 | Den Backofen auf 250° (Umluft 220°) vorheizen. Knoblauch schälen, durch die Presse drücken und mit dem übrigen Öl verrühren. Tomaten waschen und halbieren, Mozzarella in dünne Scheiben schneiden.

3 | Teig auf dem mit Backpapier ausgelegten Backblech dünn ausrollen, mit Knoblauchöl bestreichen. Mit Tomaten belegen, salzen und pfeffern, den Mozzarella darauf verteilen. Im Ofen (Blech auf den Ofenboden schieben!) etwa 10 Min. backen.

4 | Den Rucola verlesen, waschen, trockenschleudern und grobe Stiele abschneiden. Nach dem Backen über die Pizza streuen.

im Bild hinten: Pizza mit Rucola, Tomaten und Mozzarella *im Bild vorne:* Ricotta-Calzone

asiatisch | gelingt leicht

Sesamkartoffeln mit Koriander-Quark

FÜR 4 PERSONEN

➤ 4 Blätter Romana-Salat
750 g kleine fest kochende Kartoffeln | 4 TL Sesamöl
4 EL Sesamsamen
Salz | 1 Knoblauchzehe
500 g Quark
1 kleine Zwiebel
1 Bund Koriander
2 EL Apfelessig
3 EL Mirin (japanischer süßer Reiswein, ersatzweise Sherry oder Apfelsaft)
Pfeffer, frisch gemahlen

Zubereitung: 35 Min.
➤ Pro Portion ca.: 335 kcal

1 | Salat waschen, trockenschütteln, in einen Bambus-Dämpfkorb (26 cm Ø) legen. Kartoffeln waschen, bürsten, längs halbieren und mit der Schnittfläche nach oben auf den Salat legen. Mit Öl beträufeln, mit Sesam und Salz bestreuen, abdecken.

2 | Korb in einen großen Wok setzen. Bis knapp unter den Boden des Korbs Wasser einfüllen, verschließen. Die Kartoffeln bei starker Hitze 15–20 Min. dämpfen.

3 | Knoblauch schälen und zum Quark pressen. Zwiebel schälen und klein würfeln. Koriander waschen, trockenschütteln und fein hacken. Alles mit Essig, Mirin, Salz und Pfeffer verrühren. Zu den Kartoffeln servieren.

➤ Dazu passt: Blattsalat

scharf | vegetarisch

Feurige Mascarpone-Crespelle

FÜR 4 PERSONEN

➤ 150 g Mehl | 300 ml Milch
4 Eier (Größe M)
120 ml Mineralwasser mit Kohlensäure | Salz
1 Staude Mangold (600 g)
1 Aubergine
2 scharfe rote Chilischoten
2 Knoblauchzehen
4 EL Olivenöl
150 ml Weißwein (ersatzweise Gemüsebrühe)
250 g Mascarpone

Zubereitung: 50 Min.
➤ Pro Portion ca.: 690 kcal

1 | Mehl mit Milch, Eiern, Mineralwasser und Salz zu einem Teig verrühren, etwa 30 Min. quellen lassen.

2 | Mangold putzen, waschen und die weißen Stiele fein würfeln, die Blätter grob hacken. Aubergine waschen, putzen und in 1 cm große Würfel schneiden. Chili waschen, entstielen und in feine Ringe schneiden. Knoblauch schälen und durch die Presse drücken.

3 | Mangoldstiele und Aubergine in 2 EL Öl 4–5 Min. bei starker Hitze anbraten. Mit Wein ablöschen, Mangoldblätter, Chili und Knoblauch untermischen. Im geschlossenen Topf 4–5 Min. bei mittlerer Hitze garen. Mascarpone dazugeben und schmelzen lassen, salzen.

4 | In einer beschichteten großen Pfanne nach und nach übriges Öl erhitzen und aus dem Teig 8 hauchdünne Pfannkuchen backen, gebackene warm halten. Die Füllung darauf verteilen, Crespelle aufrollen und sofort servieren.

im Bild hinten: Sesamkartoffeln mit Koriander-Quark *im Bild vorne:* Feurige Mascarpone-Crespelle ➤

schnell | gelingt leicht

Maccheroni mit Brokkoli-Hüttenkäse

FÜR 4 PERSONEN

➤ **1,2 kg Brokkoli**
2 Zwiebeln
4 Knoblauchzehen
300 g Kirschtomaten
Salz | 300 g kurze Maccheroni
8 EL Olivenöl
2 TL Chiliflocken
400 g Hüttenkäse

◷ Zubereitung: 30 Min.
➤ Pro Portion ca.: 610 kcal

1 | Den Brokkoli in kleine Röschen teilen und waschen. Zwiebeln und Knoblauch schälen, fein würfeln. Tomaten waschen und halbieren.

2 | Reichlich Salzwasser zum Kochen bringen. Die Nudeln darin nach Packungsaufschrift al dente garen, abgießen und kurz abschrecken.

3 | Inzwischen Öl erhitzen, Zwiebeln darin andünsten. Brokkoli dazugeben und unter Rühren bei mittlerer Hitze 5–6 Min. braten. Knoblauch, Tomaten und Nudeln dazugeben, kurz weiterbraten. Mit Salz und Chili würzen. Käse untermischen und erwärmen, sofort servieren.

mediterran | für Gäste

Ravioli mit Schichtkäse-Spinat-Füllung

FÜR 4 PERSONEN

➤ **200 g Mehl | 100 g Hartweizengrieß | 2 EL Olivenöl**
4 Eier (Größe S) | Salz
500 g junger Blattspinat
2 Zwiebeln
500 g Schichtkäse
Pfeffer und Muskatnuss, frisch gemahlen
1 Eiweiß (Größe S)
500 g Kirschtomaten
4 EL Pinienkerne | 100 g Butter | 1 TL Zucker

◷ Zubereitung: 1 1/2 Std.
➤ Pro Portion ca.: 845 kcal

1 | Mehl, Grieß, 1 EL Öl, Eier und 1 TL Salz zu einem geschmeidigen Teig verkneten. In Folie wickeln, bei Zimmertemperatur ruhen lassen, bis die Füllung fertig ist.

2 | Spinat verlesen, waschen. Zwiebeln schälen, fein würfeln und die Hälfte davon im übrigen Öl andünsten. Spinat dazugeben und in 3–4 Min. bei mittlerer Hitze zusammenfallen lassen. Im Sieb abtropfen und auskühlen lassen.

3 | Spinat ausdrücken, fein hacken, mit Käse vermischen. Mit Salz, Pfeffer und Muskat würzen. Teig vierteln und jeweils auf der bemehlten Arbeitsfläche ganz dünn auswellen. In etwa 6 cm große Quadrate schneiden, auf die Hälfte mit einem Teelöffel jeweils etwas Füllung geben. Teigränder mit Eiweiß bestreichen, die zweite Hälfte der Teigquadrate darüber legen, die Ränder mit einer Gabel andrücken.

4 | Tomaten waschen und halbieren. Pinienkerne in der Butter bei mittlerer Hitze bräunen. Übrige Zwiebel und die Tomaten dazugeben und 3–4 Min. dünsten. Mit Zucker, Salz und Pfeffer würzen. Reichlich Salzwasser zum Kochen bringen und die Ravioli 3–4 Min. garen. Mit den Tomaten servieren.

im Bild hinten: Maccheroni mit Brokkoli-Hüttenkäse *im Bild vorne:* Ravioli mit Schichtkäse-Spinat-Füllung ➤

mediterran | für Gäste

Hähnchen mit Zitronen-Minze-Hüttenkäse

FÜR 4 PERSONEN

- **4 Hähnchenschenkel (mit Rückenstück, je 200 g)**
  4 EL Olivenöl | 2 TL edelsüßes Paprikapulver
  5 TL Honig | Salz
  Pfeffer, frisch gemahlen
  500 g grüner Spargel (unbedingt dicke Stangen nehmen)
  1 kleine unbehandelte Zitrone | 4 Stängel Minze
  250 g Hüttenkäse

Zubereitung: 50 Min.
- Pro Portion ca.: 535 kcal

1 | Backofen auf 180° (Umluft 160°) vorheizen. Hähnchenschenkel waschen, trocknen. 2 EL Öl mit Paprikapulver, 2 TL Honig, Salz und Pfeffer verrühren. Die Hähnchenschenkel damit einstreichen.

2 | Spargel waschen, Stangenenden abschneiden und den unteren Teil schälen. Spargel in 4–5 cm große Stücke schneiden. Mit übrigem Öl, Salz und Pfeffer vermischen.

3 | Das Hähnchen in einen Bräter geben, im Ofen (Mitte) etwa 30 Min. braten. Nach 15–20 Min. Spargel dazugeben. Zitrone waschen, Schale dünn abschälen, in feinste Streifen schneiden, Saft auspressen. Minze waschen, trockenschütteln, fein hacken. Alles mit Käse, übrigem Honig, Salz und Pfeffer verrühren. Mit Hähnchen und Spargel auf Tellern verteilen.

orientalisch | fruchtig

Frikadellen mit Käsefüllung

FÜR 4 PERSONEN

- **2 Knoblauchzehen**
  2 Zwiebeln
  4 Stängel Petersilie
  2 Stängel Minze | 3 EL Öl
  500 g Lammhackfleisch
  Salz | Pfeffer, frisch gemahlen | 75 g Datteln
  250 g Schichtkäse
  je 1 TL Zimtpulver, edelsüßes Paprikapulver und gemahlene Kurkuma
  300 g Tomaten

Zubereitung: 40 Min.
Bratzeit: 15 Min.
- Pro Portion ca.: 550 kcal

1 | Knoblauch und 1 Zwiebel schälen, Petersilie und Minze waschen, trockenschütteln. Alles fein hacken, in 1 EL Öl andünsten, abkühlen lassen. Mit Hack, Salz und Pfeffer verkneten. Den Backofen auf 220° (Umluft 200°) vorheizen.

2 | Die Datteln entkernen und in dünne Streifen schneiden, die Hälfte des Schichtkäses in 4 gleich große Stücke teilen. Den Fleischteig achteln, zu flachen Küchlein formen. 4 Küchlein mit Käse und Datteln belegen, mit je 1/2 TL der Gewürze, Salz und Pfeffer bestreuen. Übrige Küchlein darauf legen, die Ränder festdrücken.

3 | Übriges Öl und die Frikadellen in einen Bräter geben. Restliche Zwiebel schälen und in feine Spalten schneiden. Tomaten waschen und grob würfeln, dabei die Stielansätze entfernen. Beides um die Frikadellen verteilen. Restlichen Käse grob würfeln und darüber streuen. Mit übrigen Gewürzen, Salz und Pfeffer bestreuen. Im Ofen (Mitte) etwa 15 Min. braten.

im Bild hinten: **Hähnchen mit Zitronen-Minze-Hüttenkäse** *im Bild vorne:* **Frikadellen mit Käsefüllung**

gelingt leicht | für Gäste

Überbackene Lammkoteletts mit Mozzarella

FÜR 4 PERSONEN

- 600 g Kürbis
- 2 Knoblauchzehen
- 250 g Kirschtomaten
- 4 EL Olivenöl | Salz
- Pfeffer, frisch gemahlen
- 8 Lammkoteletts (je 50 g)
- 1 Kugel Mozzarella (125 g)
- 8 kleine Zweige Rosmarin

Zubereitung: 30 Min.
Garzeit: 15 Min.
Pro Portion ca.: 550 kcal

1 | Den Kürbis schälen, entkernen und in 1 1/2 cm große Würfel schneiden. Knoblauch schälen und in feine Scheiben schneiden. Tomaten waschen und halbieren.

2 | Öl erhitzen und Kürbis darin bei mittlerer Hitze 3–4 Min. braten. Knoblauch und Tomaten untermischen, mit Salz und Pfeffer würzen.

3 | Den Backofen auf 220° (Umluft 200°) vorheizen. Das Gemüse jeweils in der Mitte von vier großen Stücken Alufolie (möglichst extra stark) verteilen. Überstehende Folie zum Rand formen.

4 | Koteletts salzen, pfeffern und je 2 aufs Gemüse legen. Den Mozzarella in dünne Scheiben schneiden und auf dem Fleisch verteilen. Den Rosmarin waschen, trockenschütteln und darauf legen. Koteletts im Ofen (Mitte) in etwa 15 Min. rosa braten.

für Gourmets | schnell

Rumpsteaks mit Mascarpone-Peperonata

FÜR 4 PERSONEN

- 1 Zwiebel
- je 1 rote, grüne und gelbe Paprikaschote
- 200 g Kirschtomaten
- 3 Knoblauchzehen
- 4 Rumpsteaks (je 250 g)
- Salz
- Pfeffer, frisch gemahlen
- 2 EL Butterschmalz
- 125 g Mascarpone
- 4 EL Gemüsebrühe
- 1 EL Balsamico bianco
- 2 Prisen Cayennepfeffer

Zubereitung: 30 Min.
Pro Portion ca.: 365 kcal

1 | Den Backofen auf genau 80° (Ober- und Unterhitze) vorheizen. Die Zwiebel schälen und grob würfeln. Die Paprikaschoten putzen, waschen und ebenfalls in grobe Würfel schneiden. Die Tomaten waschen und halbieren. Knoblauch schälen, durch die Presse drücken.

2 | Die Steaks mit Salz und Pfeffer würzen. Eine unbeschichtete Pfanne stark erhitzen und das Schmalz darin zerlassen. Steaks auf jeder Seite in 2 Min. blutig oder in 5 Min. rosa braten, auf eine hitzebeständige Platte geben und im Ofen (Mitte) ruhen und Saft ziehen lassen.

3 | Inzwischen in der Pfanne die Zwiebel anbraten. Paprika dazugeben und 5 Min. bei mittlerer Hitze braten. Die Tomaten und den Knoblauch untermischen, alles weitere 1–2 Min. braten. Mascarpone mit Brühe und Essig unterrühren. Mit Salz und Cayennepfeffer abschmecken. Mit den Steaks servieren.

im Bild hinten: Rumpsteaks mit Mascarpone-Peperonata *im Bild vorne:* Lammkoteletts mit Mozzarella

gelingt leicht | für Gäste

Fischröllchen mit Kartoffel-Ricotta-Püree

FÜR 4 PERSONEN

- 3 große Paprikaschoten (rot, gelb und orange)
- 1 kleines Bund Basilikum
- 3 EL Olivenöl | Salz
- Pfeffer, frisch gemahlen
- 600 g mehlig kochende Kartoffeln
- 8 Schollenfilets (je 80 g)
- Saft von 1/2 Zitrone
- 250 g Ricotta
- 80 ml heiße Sahne (ersatzweise Milch)

Zubereitung: 1 Std.

Pro Portion ca.: 440 kcal

1 | Paprika putzen, waschen und in winzig kleine Würfel schneiden. Basilikumblätter abzupfen und fein schneiden. Beides mit 2 EL Öl, Salz und Pfeffer vermischen.

2 | Die Kartoffeln schälen, vierteln und in Salzwasser in 20–25 Min. weich garen.

3 | Schollenfilets mit Zitronensaft beträufeln, mit etwas Paprikagemüse belegen und von der Schmalseite her aufrollen. Mit einem Zahnstocher feststecken.

4 | Restliches Öl in einer Pfanne erhitzen und übriges Paprikagemüse darin andünsten. Fischröllchen salzen und pfeffern und auf das Gemüse setzen. Deckel auflegen und alles bei mittlerer Hitze 6–8 Min. garen.

5 | Die Kartoffeln durch die Presse drücken, mit Ricotta und Sahne verrühren, salzen. Zu den Fischröllchen reichen.

macht was her

Gefüllte Fische in der Kräuter-Salz-Kruste

FÜR 4 PERSONEN

- 4 küchenfertige ganze Fische (je 300 g, z. B. Loup de mer oder Dorade)
- 4 Bund gemischte Kräuter (z. B. Petersilie, Basilikum, Kerbel, Kresse)
- 4 Knoblauchzehen
- 200 g Frischkäse | Salz
- Pfeffer, frisch gemahlen
- 2 kg grobes Meersalz
- 4 Eiweiße (Größe M)

Zubereitung: 30 Min.

Backzeit: 20 Min.

Pro Portion ca.: 280 kcal

1 | Den Backofen auf 250° (Umluft 220°) vorheizen. Die Fische innen und außen waschen und trockentupfen. Kräuter waschen, trockenschütteln und fein hacken. Knoblauch schälen und in dünne Scheiben schneiden.

2 | Den Frischkäse mit 4 EL Kräutern, Salz und Pfeffer würzen. Die Käsecreme in die Bauchhöhlen der Fische füllen, Knoblauch einstreuen. Meersalz, übrige Kräuter und Eiweiße vermengen.

3 | Backblech mit Alufolie auslegen. Die Hälfte des Salzteiges vierteln und jede Portion in Form der Fische auf das Blech drücken. Je einen Fisch darauf legen und mit dem übrigen Salz abdecken. Im Ofen (Mitte) etwa 20 Min. backen. Fische in der Salzkruste servieren.

➤ Dazu passen: zerlassene gebräunte Butter, Zitronenspalten, Weißbrot und ein bunt gemischter Blattsalat

 im Bild hinten: Gefüllte Fische in der Kräuter-Salz-Kruste *im Bild vorne:* Fischröllchen mit Kartoffel-Ricotta-Püree ➤

schnell | für Gäste

Topfenschmarrn mit Karamell-Pecannüssen

FÜR 4 PERSONEN

- 4 Eier (Größe M)
- 1 Prise Salz
- 250 g Topfen
- 100 ml Milch
- 2 EL Rum nach Belieben
- 140 g Zucker
- 80 g Mehl | 6 EL Butter
- 80 g Pecannusskerne
- 200 g Sahne

Zubereitung: 30 Min.
Pro Portion ca.: 760 kcal

1 | Backofen auf 200° (Ober- und Unterhitze) vorheizen. Eier trennen. Eiweiße mit Salz steif schlagen. Topfen mit Milch, Rum, 60 g Zucker, Eigelben und Mehl verrühren, den Eischnee unterheben.

2 | In einer beschichteten großen Pfanne (Griff mit Alufolie umwickeln) 2 EL Butter zerlassen. Den Teig einfüllen, glatt streichen und im Ofen (Mitte) 6–8 Min. backen, bis die Oberfläche trocken und zart braun ist.

3 | Den luftigen Pfannkuchen vierteln und wenden. 2 EL Butter in Flöckchen darauf verteilen und im Ofen in etwa 10 Min. fertig backen.

4 | Die Nüsse grob hacken. Übrige Butter zerlassen und Nüsse dazugeben, restlichen Zucker darüber streuen und unter Rühren bei mittlerer Hitze karamellisieren lassen. Sahne dazugießen, 2–3 Min. kochen lassen. Pfannkuchen zerzupfen, mit den Karamell-Nüssen servieren.

Dazu passt: Apfel- oder Zwetschgenkompott

preiswert | gelingt leicht

Croissant-Quark-Auflauf

FÜR 4 PERSONEN

- 500 g Kirschen
- 2 Päckchen Bourbon-Vanillezucker
- 2 Eier (Größe M)
- 1 Prise Salz
- 500 g Magerquark
- 100 g Zucker
- Saft von 1 Zitrone
- 1 Päckchen Vanillepuddingpulver
- 4 Croissants (200 g, zum Fertigbacken)
- 2 EL Puderzucker

Zubereitung: 30 Min.
Backzeit: 30 Min.
Pro Portion ca.: 550 kcal

1 | Den Backofen auf 200° (Umluft 220°) vorheizen. Die Kirschen waschen, entstielen und entsteinen. Mit dem Vanillezucker vermischen.

2 | Die Eier trennen. Eiweiße mit dem Salz steif schlagen. Quark mit Eigelben, Zucker, Zitronensaft und Puddingpulver verrühren. Den Eischnee unterheben.

3 | Eine Auflaufform buttern. Croissants in etwa 1 1/2 cm breite Streifen schneiden, die Hälfte davon in der Form verteilen. Quarkmasse und Kirschen darüber geben, übrige Croissants hineindrücken. Im Ofen (Mitte) in etwa 30 Min. goldbraun backen. Mit Puderzucker überstäuben.

im Bild hinten: Croissant-Quark-Auflauf *im Bild vorne:* Topfenschmarrn mit Karamell-Pecannüssen ➤

Verführerische Desserts

Das Dessert ist für viele der heimliche Star eines Menüs, der perfekte Abschluss nach Salat, Suppe und dem pikanten Hauptgang. Und die beste Zeit für eine kleine genüssliche Überraschung. Wählen Sie zwischen frostigem Parfait, Frischkäse-Kombination mit Frucht und Cremes, die auf der Zunge zergehen – serviert mit einem gut temperierten Dessertwein oder einem Espresso. Diese Desserts machen garantiert gute Laune!

Blitzrezepte

Quark-Mohn-Mousse

FÜR 8 PERSONEN

➤ 3 Blatt weiße Gelatine | 1 unbehandelte Orange | Mark von 1 Vanilleschote
2 EL weißer Rum nach Belieben
250 g Quark | 250 g Mohnmischung (Backregal) | 2 Päckchen Vanillezucker
300 g Sahne

1 | Gelatine etwa 10 Min. in kaltem Wasser einweichen. Orange heiß waschen, Schale fein abreiben, Saft auspressen. Beides mit Vanillemark und Rum erwärmen, die Gelatine darin auflösen. Quark mit Mohnmischung, Vanillezucker und Orangen-Gelatine-Mischung verrühren. Kühl stellen, bis die Masse zu gelieren beginnt. Sahne steif schlagen und unterheben. Im Kühlschrank in 2–3 Std. fest werden lassen. Eventuell mit Orangen servieren.

Mozzarella-Erdbeeren

FÜR 4 PERSONEN

➤ 1 Kugel Mozzarella (125 g) | 50 ml Orangenlikör (ersatzweise Orangensaft)
1 Päckchen Vanillezucker | 70 g weiße Schokolade | 70 g Sahne | Mark von 1 Vanilleschote | 16 große Erdbeeren

1 | Mozzarella in 1 1/2 cm dicke Scheiben schneiden, vierteln. Likör mit Zucker verrühren, über den Mozzarella träufeln, marinieren lassen. Schokolade hacken und mit Sahne und Vanillemark bei schwacher Hitze unter Rühren schmelzen lassen. Abkühlen lassen. Erdbeeren waschen, entkelchen, quer halbieren. Jeweils zwischen beide Erdbeerhälften ein Stück Mozzarella geben. Mit Zahnstochern fixieren. Mozzarella-Erdbeeren auf Tellern anrichten und mit der Schokosauce servieren.

gelingt leicht

Latte-macchiato-Creme

FÜR 6 PERSONEN

- 2 Blatt weiße Gelatine
- 1 Ei (Größe M)
- 100 ml Milch
- 100 g Zucker
- 400 g Frischkäse
- 300 g Sahne
- 3 TL Instant-Espresso-Pulver

Zubereitung: 30 Min.
Kühlzeit: 2 Std.
Pro Portion ca.: 385 kcal

1 | Gelatine etwa 10 Min. in kaltem Wasser einweichen. Ei mit Milch und Zucker bei schwacher bis mittlerer Hitze unter ständigem Rühren schaumig schlagen. Wenn die Schaummasse beginnt dicklich zu werden, vom Herd ziehen und Gelatine darin auflösen. Nach und nach unter den Frischkäse rühren, in den Kühlschrank stellen.

2 | Sobald die Creme zu gelieren beginnt, Sahne steif schlagen. Zwei Drittel der Sahne unter die Creme heben. 8 EL Creme abnehmen und beiseite stellen. Übrige Creme mit 1 TL Espresso-Pulver verrühren, sechs Gläser 2 cm hoch damit füllen. Rest der Kaffeecreme mit übrigem Espresso-Pulver verrühren, auf die Creme in den Gläsern füllen. Beiseite gestellte Creme mit übriger Sahne ganz locker vermischen und als »Milchschaum« aufsetzen. 2 Std. kühl stellen und fest werden lassen.

gut vorzubereiten

Ricotta-Nougat-Parfait mit süßsauren Pflaumen

FÜR 8 PERSONEN

- 100 g Nussnougat
- 3 Eier (Größe M)
- 120 g Zucker
- 70 ml weißer Portwein (ersatzweise Birnensaft)
- 250 g Ricotta | 1 Prise Salz
- 200 g Sahne
- 250 g feste rote Pflaumen
- 2 EL Aceto balsamico

Zubereitung: 40 Min.
Gefrierzeit: 5 Std.
Pro Portion ca.: 310 kcal

1 | Nougat 10–15 Min. tiefkühlen, Eier trennen. Eigelbe mit 50 g Zucker und 1 EL Portwein hellschaumig schlagen, den Ricotta unterrühren. Eiweiße mit Salz steif schlagen, dabei nach und nach 50 g Zucker einrieseln lassen. Sahne ebenfalls steif schlagen und unter die Creme ziehen, Eischnee unterheben.

2 | Nougat zuerst in dünne Scheiben, anschließend in feine Stangen schneiden und unter die Parfaitmasse heben. Masse in eine Springform (18 cm Ø) füllen, abdecken und in etwa 5 Std. im Gefrierfach fest werden lassen.

3 | Die Pflaumen waschen, halbieren, entsteinen und in Spalten schneiden. Mit restlichem Zucker mischen und etwa 30 Min. Saft ziehen lassen. Dann mit übrigem Wein und Essig kurz aufkochen, abkühlen lassen.

4 | Parfait gut 15 Min. vor dem Servieren bei Zimmertemperatur antauen lassen. Aus der Form nehmen, in Tortenstückchen teilen und mit den Pflaumen servieren.

im Bild hinten: Latte-macchiato-Creme *im Bild vorne:* Ricotta-Nougat-Parfait mit süßsauren Pflaumen

gut vorzubereiten | macht was her

Rhabarber-Tiramisu im Glas

FÜR 8–10 PERSONEN

- 8 Eier (Größe M)
- 1 Prise Salz | 250 g Zucker
- 100 g Mehl
- 700 g junger Rhabarber (möglichst schön rot)
- 1 Vanilleschote
- 1 Zimtstange
- 2 Päckchen Vanillezucker
- 2 TL Speisestärke
- 1 unbehandelte Zitrone
- 500 g Mascarpone
- 70 ml Amaretto (ersatzweise Orangensaft)
- Kakaopulver zum Bestäuben
- Außerdem: Backpapier

Zubereitung: 1 Std. 15 Min.
Kühlzeit: 4 Std.
Pro Portion ca. (bei 10 Personen): 475 kcal

1 | Backofen auf 200° (Umluft 180°) vorheizen. 4 Eier trennen, Eiweiße mit Salz steif schlagen. Eigelbe mit 100 g Zucker und 2 EL Wasser hellschaumig schlagen, Eischnee und Mehl unterheben. Teig auf ein mit Backpapier belegtes Backblech streichen. Im Ofen (Mitte) 8–10 Min. backen. Stürzen, Papier abziehen.

2 | Den Rhabarber waschen, putzen und möglichst ungeschält in 1 cm breite Stücke schneiden. Vanilleschote längs halbieren, mit Zimt, Rhabarber, 50 g Zucker, Vanillezucker und 400 ml Wasser zum Kochen bringen. Stärke mit 2 EL kaltem Wasser anrühren, untermischen und 1–2 Min. kochen lassen, bis der Rhabarber zu zerfallen beginnt. Abkühlen lassen.

3 | Inzwischen aus dem Biskuit Kreise zuschneiden. Zitrone heiß waschen und die Schale fein abreiben, den Saft auspressen. Beides mit den übrigen Eiern und restlichem Zucker schaumig schlagen, Mascarpone unterrühren.

4 | Biskuitkreise mit Amaretto beträufeln und mit Rhabarber und Mascarponecreme in die Gläser einschichten. Jede Cremeschicht mit Kakao bestäuben. Für 3–4 Std. in den Kühlschrank stellen und durchziehen lassen. Nach Belieben auch sofort essen.

1 **Biskuit herstellen**

Eischnee auf die Schaummasse häufen, Mehl darüber geben, mit Schneebesen locker unterheben.

2 **Biskuit zuschneiden**

Pro Glas aus dem Biskuit drei Kreise schneiden, dabei auf die Glasform achten und anpassen.

3 **Einschichten**

Biskuitkreise, Rhabarber und Mascarponecreme abwechselnd in Gläser füllen, Creme obenauf.

gelingt leicht

Topfenpalatschinken mit Heidelbeeren

FÜR 4 PERSONEN

- **60 g Mehl**
- **4 Eier (Größe M)**
- **100 ml Milch**
- **5 EL flüssige Butter**
- **2 Päckchen Vanillezucker**
- **250 g Heidelbeeren**
- **1 Prise Salz**
- **250 g Topfen**
- **2 TL Speisestärke**
- **50 g Zucker**
- **Mark von 1 Vanilleschote**

Zubereitung: 45 Min.
Quell- und Backzeit: 45 Min.
Pro Portion ca.: 430 kcal

1 | Mehl mit 2 Eiern, Milch, 2 EL Butter und Vanillezucker zu einem Teig verrühren, 30 Min. quellen lassen.

2 | Den Backofen auf 180° (Umluft 160°) vorheizen. Nach und nach etwas von der übrigen Butter in einer beschichteten Pfanne erwärmen und bei mittlerer Hitze 4 dünne Pfannkuchen backen.

3 | Heidelbeeren abbrausen und abtropfen lassen. Übrige Eier trennen, Eiweiße mit Salz steif schlagen. Topfen mit Eigelben, Stärke, Zucker und Vanillemark verrühren. Den Eischnee und die Heidelbeeren unterheben.

4 | Eine hitzebeständige, möglichst flache Form mit der restlichen Butter fetten. Die Topfen-Heidelbeer-Masse auf die Pfannkuchen streichen, aufrollen.

5 | Die Palatschinken dicht nebeneinander in die Form legen. Im Ofen (Mitte) in 10–15 Min. schön goldbraun überbacken.

für Gäste | preiswert

Bratbirne mit Schichtkäse

FÜR 4 PERSONEN

- **50 g Marzipanrohmasse**
- **4 EL brauner Rum (ersatzweise Birnensaft)**
- **30 g Haselnüsse (ersatzweise geschälte Mandeln)**
- **30 g Rosinen**
- **1 Päckchen Vanillezucker**
- **150 g Schichtkäse**
- **4 große Birnen (je 250 g, nicht zu weich und mit guter Standfläche)**
- **100 ml Birnensaft**

Zubereitung: 25 Min.
Backzeit: 30 Min.
Pro Portion ca.: 380 kcal

1 | Den Backofen auf 200° (Umluft 180°) vorheizen. Marzipan und 2 EL Rum mit einer Gabel cremig rühren. Die Nüsse grob hacken und mit Rosinen, Vanillezucker und dem Schichtkäse untermischen.

2 | Die Birnen schälen und das Kerngehäuse großzügig ausstechen. Oder die geschälten Birnen längs halbieren und das Kerngehäuse herausschneiden. Birnen in eine hitzebeständige Form setzen und mit der Schichtkäsemasse füllen. Den Birnensaft und den restlichen Rum um die Birnen herum gießen. Im Ofen (Mitte) etwa 30 Min. braten.

Dazu passt: Karamell-, Schokoladen- oder Weinschaumsauce genauso wie ein Vanilleschaum

im Bild hinten: **Bratbirne mit Schichtkäse** *im Bild vorne:* **Topfenpalatschinken mit Heidelbeeren**

gelingt leicht

Ricotta-Amaretto-Törtchen

FÜR 8 PERSONEN

- 200 g Mehl
- 100 g kalte Butter
- 160 g Zucker
- 2 Eier (Größe M)
- 2 Pfirsiche (je 200 g)
- 20 Amarettini
- 250 g Ricotta
- 2 TL Vanillepuddingpulver
- Saft von 1/2 Zitrone
- 2 cl Amaretto

Zubereitung: 40 Min.
Backzeit: 30 Min.
Pro Portion ca.: 380 kcal

1 | Mehl mit 80 g Butter in Flöckchen, 80 g Zucker und 1 Ei rasch zu einem Mürbeteig verkneten. In Folie wickeln und 30 Min. kühlen.

2 | Die Pfirsiche waschen, halbieren, entsteinen und in dünne Spalten schneiden. Die Amarettini grob zerbröseln. Den Ricotta mit übrigem Zucker, restlichem Ei, Vanillepuddingpulver, Zitronensaft und Amaretto verrühren.

3 | Backofen auf 180° (Umluft 160°) vorheizen. 8 Tartelettförmchen (8–10 cm Ø, mit glattem 2 cm hohem Rand, antihaftbeschichtet) mit restlicher Butter ausfetten. Den Teig auf der leicht bemehlten Arbeitsfläche 2 mm dick ausrollen. Förmchen damit auskleiden, den Boden mit einer Gabel mehrmals einstechen. Creme und die Pfirsiche einfüllen, Amarettini darüber bröseln. Im Ofen (Mitte) etwa 30 Min. backen. Lauwarm oder kalt essen.

macht was her

Schokokuchen mit körniger Beerensahne

FÜR 6 PERSONEN

- 100 g Zartbitterschokolade
- 80 g Butter
- 3 Eier (Größe M)
- 1 Prise Salz | 80 g Zucker
- 3 EL gemahlene Mandeln
- 100 g Himbeeren
- 50 g Heidelbeeren
- 70 g Sahne
- 1 Päckchen Vanillezucker
- 120 g Hüttenkäse
- Außerdem: Backpapier

Zubereitung: 30 Min.
Backzeit: 25 Min.
Pro Portion ca.: 367 kcal

1 | Den Backofen auf 160° (Umluft 140°) vorheizen. Die Schokolade grob hacken und mit der Butter unter Rühren bei schwacher Hitze schmelzen lassen.

2 | Die Eier trennen. Eiweiße mit dem Salz steif schlagen. Eigelbe mit Zucker cremig rühren. Schokoladenbutter und Mandeln untermischen, den Eischnee unterheben. Die Masse in eine mit Backpapier ausgelegte Springform (18 cm Ø) füllen. Im Ofen (Mitte) etwa 25 Min. backen. Dann aus der Form nehmen und auf einem Kuchengitter auskühlen lassen.

3 | Die Himbeeren verlesen und, nur falls nötig, kurz abbrausen. Die Heidelbeeren verlesen, waschen und abtropfen lassen. Sahne mit Vanillezucker steif schlagen, Hüttenkäse vorsichtig unterheben. Die körnige Sahne auf den Kuchen häufen und die Beeren darauf verteilen.

im Bild hinten: **Schokokuchen mit körniger Beerensahne** *im Bild vorne:* **Ricotta-Amaretto-Törtchen**

Zum Gebrauch
Damit Sie Rezepte mit bestimmten Zutaten noch schneller finden können, stehen in diesem Register zusätzlich auch beliebte Zutaten wie **Kartoffeln** oder **Tomaten** – ebenfalls alphabetisch geordnet und **hervor gehoben** gedruckt – über den entsprechenden Rezepten.

Die Autorin

Christina Kempe war nach dem Studium der Ernährung und Hauswirtschaft in zahlreichen namhaften Verlagen, Fotostudios und einer Food-PR-Agentur tätig. Seit etlichen Jahren arbeitet sie in ihrem Münchner Büro als freie Autorin, Beraterin und Redakteurin für renommierte Buch- und Zeitschriftenverlage sowie für Industriekunden. Als Food-Stylistin zeigt sie, was außerdem an Kreativität in ihr steckt.

Der Fotograf

Jörn Rynio arbeitet als Fotograf in Hamburg. Zu seinen Auftraggebern gehören nationale und internationale Zeitschriften, Buchverlage und Werbeagenturen. Tatkräftig unterstützt wurde er dabei von seiner Foodstylistin Petra Speckmann.

Bildnachweis

Alle Bilder Jörn Rynio, Hamburg, außer: S. 4–7: Foodphotografie Teubner

Titelbildrezept:
Tipp-Variante (Seite 19)

Gedruckt auf Multiart matt 130 g/qm holzfrei mattgestrichen Bilderdruck, made by StoraEnso, geliefert von der Papier Union.

Programmleitung: Doris Birk
Redaktionsleitung: Birgit Rademacker
Redaktion: Stefanie Poziombka
Lektorat: Cornelia Schinharl
Satz, Herstellung: Redaktionsbüro Christina Kempe, München
Umschlaggestaltung: Independent Medien Design, München
Herstellung: Martina Müller
Reproduktion: Repro Ludwig, Zell am See
Druck: Appl, Wemding
Bindung: Sellier, Freising

ISBN 3-7742-6888-6

Auflage	5.	4.	3.	2.	1.
Jahr	2009	08	07	06	05

GRÄFE UND UNZER

Ein Unternehmen der
GANSKE VERLAGSGRUPPE

DAS ORIGINAL · GU · MIT GARANTIE

Das Original mit Garantie

Ihre Meinung ist uns wichtig. Deshalb möchten wir Ihre Kritik, gerne aber auch Ihr Lob erfahren. Um als führender Ratgeberverlag für Sie noch besser zu werden. Darum: Schreiben Sie uns! Wir freuen uns auf Ihre Post und wünschen Ihnen viel Spaß mit Ihrem GU-Ratgeber.

Unsere Garantie: Sollte ein GU-Ratgeber einmal einen Fehler enthalten, schicken Sie uns das Buch mit einem kleinen Hinweis und der Quittung innerhalb von sechs Monaten nach dem Kauf zurück. Wir tauschen Ihnen den GU-Ratgeber gegen einen anderen zum gleichen oder ähnlichen Thema um.

GRÄFE UND UNZER VERLAG
Redaktion
Kochen & Verwöhnen
Postfach 86 03 25
81630 München
Fax: 089/41981-113
e-mail: leserservice@graefe-und-unzer.de

GU KÜCHENRATGEBER

Neue Rezepte für den großen Kochspaß

ISBN 3-7742-6893-2

ISBN 3-7742-6061-3

ISBN 3-7742-4894-X

ISBN 3-7742-1915-X

ISBN 3-7742-6595-X

ISBN 3-7742-6332-9

64 Seiten, 7,50 € [D]

Das macht die GU Küchenratgeber zu etwas Besonderem:

- *Rezepte mit maximal 10 Hauptzutaten*
- *Blitzrezepte in jedem Kapitel*
- *alle Rezepte getestet*
- *Geling-Garantie durch die 10 GU-Erfolgstipps*

GU

Willkommen im Leben.

FEINE ITALIENER KAUFEN

- Mozzarella gibt es in der Lake in Folie eingeschweißt (1 große Kugel oder Mini-Kugeln, je 125 g) in der Kühltheke jedes Supermarkts. Büffel-Mozzarella am besten im Feinkost- oder Käseladen offen kaufen.
- Frischen Ricotta und Mascarpone bekommt man im Plastikbecher ebenfalls im Supermarkt. Ricotta ist im 250-g-Becher, Mascarpone im 250-g- und 500-g-Becher abgepackt.

Geling-Garantie für frische Käserezepte

WAS HEISST FETT I. TR.?

- Steht für Fett in Trockenmasse und gibt den Fettanteil des Käses in Prozent an. Zur Berechnung wird der gesamten Käsemasse das Wasser entzogen (=Trockenmasse).
- Je höher der Fettgehalt, desto geschmeidiger und cremiger ist der Käse und desto besser schmilzt er auch.

FRISCHKÄSE & AROMEN

- Petersilie, Basilikum oder Kerbel sind immer geeignet, etwas extravaganter: z. B. Estragon, Minze, Koriander oder Zitronengras. Salz und Pfeffer sind fast ein Muss.
- Knoblauch, Zitrussaft und -schale sind fein, Kapern, eingelegter Pfeffer und manches mehr unbedingt einen Versuch wert.

FRISCHKÄSE, FRÜCHTE & GEMÜSE

- Früchte mit süßlichem oder aber auch fein säuerlichem Aroma passen optimal: Äpfel, Birnen, Erdbeeren, Melone, Feigen, Mango.
- Bei Gemüse ist die Sache ganz einfach: alle Frischkäse kann man nach Gusto eigentlich mit jedem Gemüse kombinieren.